Conrad Matschoss
Gottlieb Daimler – in der Geschichte des Kraftwagens
mit historischen Fotografien

AF287331

SEVERUS Verlag

Matschoss. Conrad: Gottlieb Daimler – in der Geschichte des Kraftwagens mit historischen Fotografien. 2021
Neuauflage der Ausgabe von 1934
ISBN: 978-3-96345-245-1

Korrektorat: Lilly Pia Seidel
Satz: Lilly Pia Seidel

Umschlaggestaltung: Annelie Lamers, SEVERUS Verlag
Umschlagmotiv: www.pixabay.com

Bibliografische Information der Deutschen Nationalbibliothek: Die Deutsche Nationalbibliothek verzeichnet diese Publikation in der Deutschen Nationalbibliografie; detaillierte bibliografische Daten sind im Internet über https://dnb.de abrufbar.

Der SEVERUS Verlag ist ein Imprint der Bedey & Thoms Media GmbH, Hermannstal 119k, 22119 Hamburg

Conrad Matschoss

Gottlieb Daimler – in der Geschichte des Kraftwagens

mit historischen Fotografien

GOTTLIEB DAIMLER

IN DER GESCHICHTE DES KRAFTWAGENS
ZUR 100. WIEDERKEHR SEINES GEBURTSTAGES
AM 17. MÄRZ 1934
VON *CONRAD MATSCHOSS VDI*, BERLIN

Fast 35 Millionen kraftgetriebener Fahrzeuge aller Art fahren auf den Straßen der Erde. In den Vereinigten Staaten von Amerika kommt schon auf 5 Einwohner, in Frankreich auf 26, in Großbritannien auf 30 und in Deutschland auf 96 Einwohner ein Kraftfahrzeug. Millionen von Menschen haben Arbeit und Verdienst aus der Herstellung der Kraftwagen, Millionen von Menschen aus dem Kraftwagenverkehr mit allem, was dazu gehört, von der guten Straße bis zur Betriebsstoffverteilung in den neuzeitigen Tankstellen. Wir können uns den Kraftwagen nicht mehr aus der Geschichte unserer Zeit hinwegdenken.

Müßig ist es auch hier, bei einer Entwicklung von solch gewaltigem Ausmaß, nach dem »einzigen« Erfinder zu suchen. Ganzen Geschlechtern hervorragender Ingenieure und technisch besonders befähigter Männer haben wir das Automobil unserer Tage zu verdanken. Es gibt in der Technik keine Athene, die in jeder Hinsicht fertig dem Haupt eines Zeus entspringen kann.

Noch sind keine 50 Jahre verflossen, da lief in Deutschland kein einziges Kraftfahrzeug. Aber die wichtigste Voraussetzung für das heutige Automobil hatte gerade in Stuttgart der große schwäbische Ingenieur Gottlieb Daimler in seinem schnelllaufenden Explosionsmotor geschaffen. Bald darauf knatterte das erste Kraftfahrzeug durch die stillen Straßen von Cannstatt. In der Südwestecke unseres Vaterlandes wurden von drei deutschen Ingenieuren die ersten ausschlaggebenden Versuche durchgeführt. In Cannstatt-Stuttgart arbeitete Gottlieb Daimler gemeinsam mit Wilhelm Maybach, in Mannheim-Ludwigshafen Carl Benz. Und von dieser Zeit der 80er Jahre des 19. Jahrhun-

3

derts beginnt die nicht wieder unterbrochene, die Fantasie aller Zeitgenossen weit übersteigende Entwicklungslinie des Kraftfahrzeugs.

Hierin liegt der Grund, die 100. Wiederkehr des Geburtstages von Gottlieb Daimler am 17. März 1934 zu nutzen, um sich rückblickend der großen Leistungen dankbar bewusst zu werden, die gerade in dieser Anfangszeit des heutigen Kraftwagens vollbracht wurden.

ABB.1. Dampfwagen von Cugnot 1770
(Modell im Deutschen Museum, München)

Lange bevor Daimler geboren wurde, haben Menschen daran gedacht, Wagen mit Motoren zu betreiben. Kaum hatte *Denis Papin* (1649 bis 1712) 1690 die erste atmosphärische Dampfmaschine im Entwurf fertig, da denkt er bereits an die vielseitigste Verwendung. Selbst Schiffe und Wagen soll diese erste Form der Dampfmaschine betreiben. Aber diese Träume lassen sich nicht erfüllen, es fehlen die Menschen, die diese an sich richtigen Gedanken in Eisen und Stahl verwirklichen könnten.Erst 1769 gelang es dem aus Lothringen stammenden Artillerieoffizier *Nicholaus Joseph Cugnot* (1725 bis 1804), auf Kosten der französischen Regierung einen kleinen Dampfwagen zu bauen, der auch eine Viertelstunde lief. Dann brauchte man ebenso

4

Abb.2.
Denis Papin
(1649 bis 1712)

viel Zeit, den Kessel zu speisen. Aber man glaubte an die Zukunft des Kraftwagens und beauftragte Cugnot nunmehr, einen großen Lastkraftwagen zu bauen, mit dem man schwere Geschütze befördern wollte. Im Jahre 1770 war dieser Lastwagen fertig. Auf drei Rädern ruht der schwere eichene Holzrahmen. Vorn hängt in schmiedeeiserner Umfassung der große Kessel mit der kugelförmigen Haube. Hinter ihm stehen zwei bronzene nach unten offene Zylinder von 330 mm Durchmesser und 330 mm Hub. Die Kolbenstangen wirken mit einem Sperradgetriebe auf das vorn angeordnete Triebrad. Der Wagen sollte eine Last von etwa 4500 kg mit einer stündlichen Geschwindigkeit von 4 km auf ebener Straße befördern. Seine erste Ausfahrt brachte den ersten Automobilunfall. Zu schwer lenkbar, rannte er gegen eine Mauer, deren Standfestigkeit er, ohne selbst viel Schaden zu leiden, siegreich überwand. Aber weder die Regierung noch der Erfinder versprachen sich viel von der Fortsetzung der Versuche. Dank dem Umstand, dass dieses erste Automobil zu staatlichen kriegerischen Zwecken bestimmt war, ist es uns erhalten geblieben. Im Conservatoire National des Arts et Métiers in Paris, in der früheren Kirche der alten Benediktiner-Priorei St. Martin-des-Champs steht an der Stelle des Hochaltars, wo fromme Mönche vor Jahrhunderten ihre Andacht verrichteten, heute jener mächtige, unbeholfene Ahnherr des neuzeitigen Automobilgeschlechts, wohl wert, auch heute noch bei einem Besuch in Paris nicht vergessen zu werden.

Ungefähr um die gleiche Zeit arbeitete der berühmte amerikanische Ingenieur und Erfinder *Oliver Evans* (1755 bis 1819) daran, seine Hochdruckdampfmaschine im Landverkehr zu benutzen. Bis 1772 reichen seine Versuche zurück. 1786 will er sich seinen Dampfwagen patentieren lassen, aber das Patentamt will nichts davon wissen, die

Abb.3.
Oliver Evans
(1755 bis 1819)

Vorschläge scheinen ihm zu unvernünftig. Elf Jahre später erhält er dann doch das Patent, aber auch jetzt spricht man wenigstens seinen Zweifel aus, dass ein solches Unternehmen je gelingen könnte. Im Winter 1803 bis 1804 hat Evans dann seine erste Straßenlokomotive, wie es in dem Bericht heißt, »angesichts von wenigstens 20 000 Zuschauern« durch die Straßen von Philadelphia gefahren. Ein weiterer Erfolg war ihm nicht beschieden.

Das alle Anwendungsmöglichkeiten der Dampfmaschine umfassende Patent von 1769 des großen schottischen Erfinders *James Watt* (1736 bis 1819), dem wir die Kolbendampfmaschine verdanken, enthält auch den Dampfwagen. Watt hat damals kaum daran gedacht, einen Dampfwagen zu bauen, aber er wollte sich den Weg dazu nicht durch andere verlegen lassen. Er war zu sehr beschäftigt mit seiner ortsfesten Dampfmaschine und wollte sich nicht zersplittern. Sein großer Mitarbeiter und Betriebsingenieur *William Murdock* (1754 bis 1839), der viele Jahre die Wattschen Dampfmaschinen im Süden Englands aufstellte und betrieb, hatte sich 1786 in seinen Feierstunden einen dreirädrigen kleinen Wagen gebaut, der ihn und viele seiner Besucher erfreute. Aber Watt sah es nicht gern, dass Murdock seine wertvolle Kraft außerhalb des eigenen Tätigkeitsgebiets verwendete, so wurde die Arbeit nicht fortgesetzt.

Dagegen war es dem berühmten englischen Ingenieur *Richard Trevithick* (1771 bis 1833), von dessen schöpferischem Können fast alle Gebiete der Ingenieurkunst bedeutsame Spuren aufweisen, gelungen, in den Grubenbezirken Cornwalls mit seiner Hochdruckdampfmaschine bereits 1797 einen kleinen Dampfwagen zu bauen, und am Weihnachtsabend 1801 konnte er zum ersten Mal in Illogan (Cornwall) ein von ihm erbautes Dampfautomobil auf der recht schlechten Fahrstraße den vielen herbeigeeilten

Abb. 4.
James Watt
(1736 bis 1819)

Zuschauern im Betrieb vorführen. Auch hier waren ungeheure praktische Schwierigkeiten zu überwinden. Trevithick hatte aber bereits 1802 einen neuen Dampfwagen erbaut, mit dem er 1803 auch in London auftrat, wo diese neueste Anwendung der Dampfkraft das denkbar größte Aufsehen erregte. Auch ihm waren große praktische Erfolge nicht vergönnt. Die Straßen waren zu schlecht, und Trevithick begann nun, der Eisenbahnlokomotive seine großen technischen Fähigkeiten zuzuwenden. Aber damit hörte die Entwicklungsarbeit am Dampfkraftwagen in England, das damals neuen technischen Ideen aufgeschlossener gegenüberstand als andere Länder der Welt, nicht auf. Man beschäftigte sich dort weiter mit dem Dampfautomobil. Mit Recht wurde besonders dem Kessel größte Aufmerksamkeit zugewendet. Man kam zu sehr leichten, praktisch brauchbaren Wasserrohrkesseln. Ingenieure wie *Gurney*, *Hancock* und andere bauten schon sehr ansehnliche große Dampfwagen. Es bildeten sich bereits Automobil-Verkehrsgesellschaften.

ABB. 5. Dampfwagen von Gurney, 1828

1830 liefen 26 dieser großen Dampfwagen in der unmittelbaren Umgebung Londons, und in ganz England sollen damals 100 Automobile gefahren sein. Im Straßenbild Londons waren die Dampfwagen schon eine gewohnte Erscheinung. Die Öffentlichkeit beschäftigte sich äußerst lebhaft mit dem neuen Verkehrsmittel, die Zeitungen brachten ausführliche Berichte, die Gegner zählten mit besonders boshafter Ausführlichkeit alle Misserfolge und Unglücksfälle der Automobile auf und riefen nach der Polizei zum Schutz des friedlichen Staatsbürgers. Witzblätter zeigten drastisch die ungeheuren Gefahren, die dem armen Fußgänger durch das neue Verkehrsmittel drohten. Die Freunde des Automobils wiesen auf die volkswirtschaftliche Bedeutung des Automobils hin. Durch Ersatz der Pferde wollte man die Daseinsbedingungen für 16 Millionen Menschen schaffen. Die Gegner wieder fragten entrüstet, was aus den Fuhrleuten und Eilwagenbesitzern werden sollte. Aber es blieb nicht bei den Erörterungen, auf den Straßen wurden die ersten Automobile verschiedentlich von leidenschaftlich erregten Volksmengen umringt, die Fahrer wurden johlend verhöhnt, und auch den langsam fahrenden Wagen ließ man kaum den Weg frei. Bei irgendwelchen Zusammenstößen nahm das Volk stets gegen das Automobil Partei. Auch die Gesetzgebung griff ein und verlangte von den Automobilen so hohe Straßenabgaben, dass ihre weitere Benutzung nicht mehr möglich war. Die Freunde des Kraftwagens wendeten sich dagegen und erhielten 1831 von einer Prüfungskommission des englischen Parlaments ein glänzendes Zeugnis. Inzwischen aber war die Eisenbahn entstanden, und sie mit ihren weitgespannten Beziehungen und dank auch ihren alle Erwartungen weit übersteigenden Leistungen im Verkehr war gefährlicher als das Volk auf der Straße. Der Kampf zwischen der Eisenbahn und dem Automobil wurde damals in England durch rücksichtslose Unterdrückung des Kraftwagens entschieden. Ein Gesetz vom Jahre 1836 verlangte, dass vor jedem »pferdelosen« Wagen ein Mann mit einer roten Fahne hergehen musste, um vor dem Nahen des gefährlichen Fahrzeugs zu warnen. Die Höchstgeschwindigkeit wurde auf 4 km in der Stunde festgesetzt. Wer es eilig hatte, konnte von da an kein Automobil mehr benutzen. Aber die Welt dreht sich, gegenwärtig erleben wir, dass der Kraftwagen der Eisenbahn wieder einmal manche unruhige Stunde bereitet. Man ist jedoch heute glücklich so weit – vor allem in Deutschland –, dass man nicht mehr, wie vor 100 Jahren in England, davon spricht, Eisenbahn o d e r Automobil, sondern dass man sich zusammenschließen will unter der Parole: Eisenbahn u n d Kraftwagen.

ABB. 6. Spottbild zur Einführung des Dampfwagens aus dem Jahre 1828

So war zur Zeit, als Daimler geboren wurde, der erste Abschnitt in der Entwicklungsgeschichte des Kraftwagens bereits abgeschlossen. Erst die Verbrennungskraftma-

ABB. 7. Betriebsfähige Nachbildung der Hedleyschen Lokomotive »Puffing Billy«, 1813

schine ließ wieder den Gedanken des Kraftwagenverkehrs neu entstehen.

Die Anfänge der Verbrennungskraftmaschine reichen bis vor die Erfindung der Dampfmaschine zurück. Aber zunächst siegte die Feuermaschine, die Dampfmaschine. Erst 1801 erbaute der Franzose *Philippe Lebon* (1767 bis 1804) eine doppelt wirkende Gasmaschine. Von nun an beschäftigten sich immer neue Erfinder mit dem Problem, die Dampfmaschine durch den Explosionsmotor zu ersetzen. Außerordentliche Schwierigkeiten waren zu überwinden, und erst ein halbes Jahrhundert nachdem die ersten Gasanstalten im Betrieb waren, baute der französische Mechaniker *Jean-Joseph Étienne Lenoir* (1822 bis 1900) 1860 einen mit Steinkohlengas betriebenen praktisch brauchbaren Gasmotor. Der Pariser Maschinenfabrikant *Marinoni* hat das Verdienst, diese Gasmaschine konstruktiv gut durchgebildet zu haben. Er hat deshalb sehr viel zum wirtschaftlichen Erfolg der Lenoirschen Maschine beigetragen.

In Deutschland hat *Gotthilf Kuhn* (1819 bis 1890) in Stuttgart-Berg einen solchen Gasmotor ausgeführt und betrieben, und *Max Eyth* (1836 bis 1906) hat damit Versuche angestellt. Wieder einmal glaubte man jetzt, die Zeit sei gekommen, die Dampfmaschine ins alte Eisen zu werfen. Man sprach von der plumpen Dampfkraft mittelalterlichen Stils und hoffte, dass der neue Motor der Industrie neues Leben geben werde. Der Lenoirsche Motor war bis 12 PS ausgeführt worden, aber die mit französischer Begeisterungsfähigkeit geschriebene Ankündigung sprach bereits von hundertpferdigen Maschinen, von Gaslokomotiven und Gasfeuerspritzen, alles das blieb jedoch nur auf dem Papier. Man versprach einen so geringen Gasverbrauch, dass man daraus leicht eine Wettbewerbsfähigkeit mit den damaligen Dampfmaschinen ausrechnen konnte. Aber es zeigte sich bald, als man vom Schätzen zum Messen überging, dass gerade diese Maschine sehr viel Gas verbrauchte. Die Rechnungen, die man den Gasanstalten tatsächlich für den Betriebsstoff zu zahlen hatte, verwandelten die erste Begeisterung in das Gegenteil, und man hat wohl später mit Recht gesagt, die Lenoirsche Maschine sei weder so gut gewesen, wie man sie zuerst gemacht habe, noch so schlecht, wie sie später hingestellt wurde. 1863 hatte Lenoir seinen Gasmotor auch bereits in einen Wagen eingebaut und ist damit von Paris bis Joinville-le-Pont gefahren. Diese Tatsache hat dann 1900 den Automobilklub von Frankreich veranlasst, ihn als Erfinder des Automobils zu bezeichnen.

Um die gleiche Zeit arbeitete in Wien der in Malchin in Mecklenburg geborene Mechaniker *Siegfried Marcus* (1831 bis 1898) an einem mit Benzin betriebenen Automobil. Marcus hatte sich 1848 bei Siemens & Halske mit der Telegraphie beschäftigt, war vier Jahre später nach Wien übergesiedelt, um hier 1860 eine eigene Werkstatt zu errichten. Er baute elektrische Klingelanlagen, Telegraphen, er kümmerte sich um elektrische Beleuchtung, um galvanische Elemente, um Thermoelemente. Allein in Österreich hat er nicht weniger als 38 Patente genommen. Uns interessiert hier, dass auch zwei Benzinautomobile mit magnet-elektrischer Zündung in seiner Werkstatt entstanden sind. Der erste Wagen vom Jahr 1864 wurde bereits mit einem Benzinluftgemisch betrieben, der Erfinder sprach von »karburierter Luft«. Benzin war damals noch schwer zu bekommen, es wurde in den Laboratorien der Apotheken erzeugt, und man zahlte etwa drei Mark je Liter. Zuerst versuchte Marcus dieses Benzinluftgemisch als Lichtquelle, zum Heizen und Kochen zu verwenden.

Dann stellte er eine mit Benzin arbeitende atmosphärische Maschine auf einen einfachen Handwagen. Wollte man den Motor in Bewegung bringen, so hob man die Hinterräder vom Boden ab. Nächtlicherweile, auf einem einsamen Exerzierplatz, ist dieser Wagen auch etwa 200 m gelaufen. Einen wesentlichen Fortschritt bedeutete der zweite Wagen aus dem Jahr 1875, der heute im schönen Technischen Museum für Industrie und Gewerbe in Wien zu sehen ist. Ein liegender Motor übertrug mit einem Balancier die Kraft auf die tiefer liegende Kurbelwelle. Die hier von Marcus benutzte magnet-elektrische Zündung wurde als besonders wesentliche Neuerung angesehen. Das Benzin wurde vergast mithilfe umlaufender Spritzbürsten, die in den Benzinbehälter tauchten. Nach wenigen Probefahrten, die Marcus mit seinem zweiten Wagen bei Nacht in Wien und seiner Umgebung veranstaltete, wurde ihm das Fahren von der Polizei »des großen Geräusches wegen« verboten. Der Erfinder verlor die Lust, für sein Automobil zu kämpfen. Er war bereits mit anderen Erfindungen beschäftigt, und so begnügte er sich, seinen Motor als ortsfeste Kraftmaschine weiter auszubauen. Seine Erfahrungen, die wohl auch nur wenigen bekannt wurden, blieben ungenutzt.

Dem Bäckermeister *Johannes Daimler* in Schorndorf in Württemberg, dessen Familienname im Kirchenbuch noch »Däumler« geschrieben wird, wurde am 17. März 1834 sein zweiter Sohn *Gottlieb* geboren. Der Vater ließ ihn die Volksschule und dann noch zwei Jahre die Lateinschule in Schorndorf besuchen, denn dieser Sohn sollte einmal Beamter der Stadt werden. Aber der junge Daimler wollte hiervon nichts wissen. Sein Freund war der Sohn des Büchsenmachermeisters *Raithel* in Schorndorf, und es erschien ihm viel verlockender, ein Büchsenmacher zu werden als ein Schreiber in der Amtsstube. Sein Vater gab nach, und Gottlieb Daimler lernte drei Jahre bei Raithel das Büchsenmacherhandwerk. Sein Gesellenstück waren zwei doppelläufige Pistolen mit wunderbar ziselierten Stahlbeschlägen. Eine von ihnen ist noch heute im Besitz seines Sohnes. Die feine Metallarbeit, wie sie vor allen Dingen beim Ziselieren zum Ausdruck kam, hat Gottlieb Daimler viel Freude gemacht. Er übte sich ständig im Zeichnen, und abgesehen von all den Maschinen, mit denen er im Leben zu tun hatte, zeichnete er besonders gern auch Pflanzen und Tiere. Als Geselle kam er zunächst zum Büchsenmacher Wilke in Schorndorf und folgte ihm später nach Stuttgart. Von hier aus ging er 1853 nach Grafenstaden i. Els., wo er in der Werkzeugmaschinenfabrik arbeitete. Das dort ersparte Geld ermöglichte ihm nach seiner Rückkehr das Studium an der Polytechnischen Schule in Stuttgart, der späteren Technischen Hochschule, die er von 1857 an besuchte, und am 22. September 1859 mit einem Abgangszeugnis verließ. Hier in Stuttgart lernte er *Friedrich Voith* (1840 bis 1913) aus Heidenheim kennen, *Max Eyth, Adolf Groß* und manch anderen, der in der Geschichte der Technik bekannt ist. Auch mit Herren der Württembergischen Zentralstelle für Gewerbe und Handel, des späteren Landesgewerbeamtes, wurde er bekannt. *Ferdinand v. Steinbeis* (1807 bis 1893), der Leiter des Amtes, der sich um die Förderung der Industrie in Württemberg große Verdienste erworben hat, half ihm, seinen Wunsch, sich technisch weiter zu vervollkommnen, zu erfüllen, ein Stipendium erleichterte es ihm, jahrelang im Ausland, besonders in England als Facharbeiter, Vorarbeiter und Meister tätig zu sein. Nach seiner Rückkehr arbeitete er 1864 bis 1867 in Geislingen, um dann als Werkstättenvorstand in die Maschinenbauanstalt des Bruderhauses in Reutlingen einzutreten. Hier lernte er seinen späteren hervorragenden Mitarbeiter *Wilhelm Maybach* kennen, der am 9. Februar 1846 als Sohn eines Tischlermeisters in Heilbronn geboren war und, im Alter von zehn Jahren verwaist, in das Bruderhaus zur weiteren Erziehung aufgenommen wurde. Der junge Maybach wünschte, Maschinenbauer zu werden, das Bruderhaus ermöglichte es ihm, und mit dem vom Vater ererbten guten handwerklichen Können, verbunden mit großem Fleiß und sehr großer Begabung für Zeichnen und Mathematik wurde er hier der jugendliche Mitarbeiter des zwölf Jahre älteren Gottlieb Daimler. Als Daimler dann die Leitung der Maschinenbaugesellschaft Karlsruhe übernahm, übertrug er ein Jahr später 1869 dem jungen Maybach eine Stelle im technischen Büro in Karlsruhe.

ABB. 8. Daimlers Geburtshaus in Schorndorf (mittleres Gebäude)

Inzwischen war der Kaufmannsgehilfe *Nicolaus August Otto* (1832 bis 1891) zum weitbekannten Schöpfer der atmosphärischen Gasmaschine geworden. Gemeinsam mit dem hervorragenden Ingenieur *Eugen Langen* (1833 bis 1895) hatte er in Köln die erste Gasmotorenfabrik gegründet. Auf der Weltausstellung in Paris 1867 erhielt ihre atmosphärische Gasmaschine die goldene Medaille dank ihrem im Vergleich zur Lenoirschen Maschine so sehr geringen Gasverbrauch. 1877 schuf Otto seinen weltberühmten Viertaktmotor. Auf diesen stützte sich das umfassende Gasmotorenpatent seiner Firma, das durch die scharfen Angriffe aller derer, die ungehindert von diesem gesetzlichen Schutz nun selbst auf diesem Gebiet arbeiten wollten, am 6. Januar 1886 gestürzt wurde, wodurch in Deutschland der Weg für alle Erfinder frei wurde. Als Otto und Langen 1872 ihr Unternehmen in eine Aktiengesellschaft umwandelten und in Köln-Deutz eine Fabrik erbauten, da wusste vor allem Langen, dass es mit dem Erfinden allein nicht getan sei. Der Weg von einer patentfähigen bis zu einer marktfähigen Maschine ist weit. Die Geschichte der Technik zeigt, wie viele gute Ideen an der einfachen Tatsache zugrunde gehen, dass man sie mit den vorhandenen Mitteln und Arbeitskräften nicht in betriebssicherer Weise auszuführen vermag. Langen wusste, dass der Erfolg des Unternehmens davon abhing, ob man einen geeigneten Ingenieur für die praktische Durchbildung der Maschine fand. Diesen Mann entdeckte Eugen Langen in Gottlieb Daimler. Er wurde der technische Direktor der Gasmotorenfabrik, und in zehnjähriger Arbeit von 1872 bis 1882 hat er die konstruktive werkstattgerechte Ausführung der Motoren in Deutz durchgesetzt. Es war damals nicht leicht gewesen, Daimler zu gewinnen. Man bot ihm die Stellung als leitender Direktor an, sicherte ihm hohe Gewinnbeteiligung zu, und Langen schrieb ihm, dass er aus der Tatsache, dass der Aufsichtsrat der am 5. Januar 1872 gegründeten Gasmotorenfabrik Deutz AG ohne Zögern alle Wünsche Daimlers bewilligt habe, sehen möge, dass man seine Kraft wirklich in vollem Umfang hoffe verwerten zu können. Langen sicherte ihm sein vollstes Vertrauen zu. Er hoffte, ihn nicht durch die Unterschrift, sondern durch den Gedanken, dass in Deutz das richtige Feld für Daimlers Zukunft sei, halten zu können. Daimler rief bald auch Maybach nach Deutz als verantwortlichen Leiter des Konstruktionsbüros. Er war sich damals bewusst, dass der Gasmotor nur dann auf einen Erfolg rechnen könne, wenn er mit einer in jener Zeit im Allgemeinen im Maschinenbau noch unbekannten Genauigkeit hergestellt werden konnte. Aber Köln hatte noch keinen Arbeiterstamm, der dieser Anforderung gerecht werden konnte, und so holte sich Daimler seine Facharbeiter aus Württemberg und aus dem Elsass und ließ auch noch Teile, auf deren genaue Bearbeitung es vor allem ankam, in Lüttich, von dessen Gewehrfabrikation er wusste, was sie an genauer Arbeit zu leisten vermochte, herstellen. In Köln gelang es erst nach und nach, die einheimischen Arbeiter zu der Genauigkeit in ihrer Arbeit zu erziehen, die der Gasmotor verlangte. Hier in Deutz haben Daimler und Maybach die Grundlage gelegt zu der genauen Kenntnis des Verbrennungsmotors, die sie befähigten, später in eigener Arbeit auf neuen Wegen zu großen Erfolgen zu gelangen.

In Deutz empfand man auch die Abhängigkeit von der Gasanstalt bald so lästig, dass man nach anderen Betriebsstoffen suchte. Professor *Franz Reuleaux* (1829 bis 1905) machte seinen Freund Langen auf Marcus in Wien aufmerksam, der mithilfe von Petroleumdestillaten in einfacher Weise billiges Gas herstellte. Der ganze Gaserzeuger sollte nur etwa 30 Taler kosten. Es handelte sich hier um sogenanntes Aerogengas, das im Betrieb sehr gefährlich war. 1875 versuchte man in Deutz Ölgas, Gasolingas sowie auch Benzin. Maybach, der diese Entwicklungsmöglichkeiten mit Daimler besonders eifrig verfolgte, erzählte, wie man mit Benzin getränkte Putzwolle vor die Öffnung hielt, durch die man die Luft ansaugte, wobei der Gashahn geschlossen wurde. So lief der erste Benzinmotor in Deutz. Man begann darauf, »besondere Verdunstungsapparate« zu bauen, mit denen man viele Versuche anstellte, die nicht ungefährlich waren. Sehr ungewollte Explosionen mit in der Luft herumsausenden schweren Eisenteilen brachten mehr als einmal auch Otto, Daimler und Maybach in Gefahr. Aber gerade die Möglichkeit, von der Gasanstalt unabhängig mit flüssigem Brennstoff Motoren zu betreiben, öffneten, wie Otto und Langen das deutlich erkannten, nunmehr dem Verbrennungsmotor den Weg in den Verkehr.

Daimler lernte in seiner Stellung in Deutz auch die auswärtigen Beziehungen – vor allem zu Frankreich – kennen, was ihm später von großem Vorteil war. Nachdem er die atmosphärische Maschine zu großem Erfolg geführt hatte, erlebte er die Entstehung des neuen liegenden Viertaktmotors, der als Stammvater aller heutigen Verbrennungskraftmaschinen anzusehen ist. Auch hier förderte die ausgezeichnete Werkstattarbeit, für die Daimler verantwortlich war, maßgebend den Erfolg dieses neuen Motors.

Anfangs der 80er Jahre aber war nun für Daimler doch die Entscheidung nahegerückt, ob er mit seinen 47 Jahren nun dauernd – wenn auch in noch so maßgebender Stellung – für ein fremdes Unternehmen arbeiten sollte, oder ob nicht die Zeit gekommen wäre, sich selbständig zu machen. Er hatte sich in seiner Stellung bei den bescheidenen Lebensansprüchen, die ihm eigen waren, ein ansehnliches Vermögen erworben, das es ihm ermöglichte, seine Zukunftspläne zu verwirklichen. So schied er 1882 aus dem Dienst der Gasmotorenfabrik Deutz aus, und es gelang ihm auch hier wieder, Wilhelm Maybach mit sich zu nehmen. In Cannstatt bei Stuttgart, auf eigenem Grund und Boden neben seinem Wohnhaus, Taubenheimstr. 13, errichtete sich Daimler nunmehr eine kleine recht bescheidene Werkstatt, und hier fing er an, gemeinsam mit Maybach, den er auch als seinen Teilhaber aufnahm, seine Pläne zu verwirklichen. Zunächst waren in der Werkstatt nur einige kleine Fußdrehbänke, ein paar Schraubstöcke und Handbohrmaschinen vorhanden. Mit dieser denkbar bescheidenen Ausrüstung, mit der seine drei Schlosser zu arbeiten hatten, ging Daimler daran, den von ihm ersehnten schnelllaufenden Verbrennungsmotor zu schaffen.

ABB. 9. Daimlers erste Werkstatt im Garten seines
Canstatter Grundstücks
(Fot. E. Müller, Stuttgart)

Der Glockengießer und Feuerspritzenfabrikant *Heinrich Kurtz* in Stuttgart hatte nach Daimlers Plänen den ersten schnelllaufenden Versuchsmotor hergestellt. Der liegende Zylinder war aus Bronze, das Schwungrad wegen der hohen Umlaufzahl aus Schmiedeeisen. Der Motor arbeitete mit Luftkühlung. Am 16. August 1883 war dieser erste Daim-

22

lermotor auf einem hölzernen Sockel betriebsfertig, und die Versuche mit ihm begannen. Im November des gleichen Jahres folgte bereits ein etwas größerer Motor mit stehendem Zylinder, und ab 16. Dezember 1883 wurde Gottlieb Daimler dieser neue Motor durch das deutsche Reichspatent Nr. 28022 geschützt. Geheimnisvoll arbeitete man bei verhängten Fenstern bis tief in die Nacht hinein in der kleinen bescheidenen Werkstatt in Cannstatt. Daimler und Maybach konnten schweigen und wollten erst den Erfolg abwarten. Aber die Neugier und der Argwohn der Nachbarn ob dieses fleißigen Hämmerns wuchs, und schließlich griff die Polizei ein. Sie wollte sicher wissen, ob hier nicht etwa Falschmünzerei betrieben würde. Sie war aber schnell davon zu überzeugen, dass es sich hier um eine technische Leistung handelte, die mit dem Strafgesetz nichts zu tun hatte.

Der Schnellläufer verzichtete auf die durch einen Schieber gesteuerte Flammenzündung. Auch der elektrischen Zündung traute Daimler damals noch mit Recht nicht die verlangte Zuverlässigkeit zu. Ausschlaggebend war deshalb die von ihm im Patent beschriebene Glührohrzündung mit der sehr einfachen Steuerung. Im Patent war von der Zündung als von einer Art Glühkopf die Rede. Die heißen Zylinderwandungen sollten bei entsprechender Kompression die Zündung des Gasluftgemisches ermöglichen. Das Glührohr sollte nur zum Anlaufen dienen. In Wirklichkeit kam man aber ohne das Glührohr auch während des Betriebes, besonders im Freien, nicht aus. – Mit dieser Zündung ließen sich nun die Umdrehungszahlen bis auf 900 in der Minute steigern und damit das Gewicht im Verhältnis zur Leistung außerordentlich verringern. Was diese Steigerung der Umdrehungszahl bedeutete, kann man nur an dem bis dahin Erreichten ermessen. Otto war stolz, bei seinen atmosphärischen Maschinen die Umdrehungszahl von 30 bis 40 auf 80 bis 90 in der Minute steigern zu können. Die Viertaktmaschinen liefen anfangs der 80er Jahre mit 150 bis 180 Umläufen in der Minute. Kam man in Deutz einmal bis auf 250 Umdrehungen, dann fing die Flammzündung an, nicht mehr sicher zu wirken. »Die Zündungen purzelten durcheinander«, wie man damals in Deutz sagte. *Benz* meint in seinen Erinnerungen, er habe bei seinen ersten Wagen, bei denen er elektrische Zündung verwandte, es auf 250 bis 300 Umläufe in der Minute gebracht. Daimler hatte somit den Schnellläufer als einen leistungsfähigen, auf kleinstem Raum zusammengedrängten leichten Verbrennungsmotor geschaffen, der die Voraussetzung war für die Entstehung des Kraftfahrwesens, und von dem schnelllaufenden Verbrennungsmotor war auch die Entwicklung der Luftfahrt in hohem Maße abhängig. Bald folgten weitere Konstruktionen, der dritte Motor mit rundem Gehäuse, vollständig abgekapselt, kam 1884 in Betrieb. Dieser Motor wurde später in das Zweirad eingebaut.

ABB. 10. Daimlers erster schnelllaufender Motor, 1883

Nun sollte der Schnellläufer seine erste Probe als Verkehrs-
maschine ablegen. Daimler hoffte, mit seinem Motor es
einmal jedem zu ermöglichen, sich mechanisch fortbe-
wegen zu können, sich unabhängig von der Eisenbahn zu
machen und sein eigenes Pferd – wenn auch nur ein Motor-
pferd – zu besitzen. Daimler baute sich also ein hölzernes
Fahrrad, das zwei gleich große Räder mit eisernen Reifen
und in der ersten Form zwei federnd angebrachte Stütz-
rollen hatte. Damit ist man in Cannstatt im Garten seines
Hauses zum ersten Mal »Auto« gefahren. Zur Erinnerung
an dies technisch-geschichtlich wichtige Ereignis hat der
Württembergische Bezirksverein des Vereines Deutscher
Ingenieure am 1. Juni 1902 vor Daimlers Wohnhaus ein
Denkmal errichtet mit Daimlers Bild und der Inschrift:

Gottlieb Daimler

1834–1900

Dem Schöpfer des Daimler-Motors,

der im November 1885 in diesem Garten

sein erstes Automobil gefahren hat.

Württembergischer Ingenieurverein

1902

Im nächsten Jahre konnte man schon mit einem vierrädri-
gen Daimler-Wagen in Cannstatt und Stuttgart fahren. Der
Einzylindermotor von etwa 1½ PS war mitten im Wagen
zwischen den beiden Sitzbänken angeordnet. Reibungs-

kupplungen vermittelten die Kraftübertragung auf das Zahnradgetriebe, das für zwei Geschwindigkeiten einge- richtet war. Man konnte damit bis zu 18 km in der Stunde zurücklegen. Der Motor war zunächst noch luftgekühlt, später wurde auch hier die Wasserkühlung eingeführt.

ABB. 11. Gottlieb Daimler in seinem Wagen vom Jahre 1886. Am Steuer sein Sohn Adolf.

Etwa um die gleiche Zeit hat Carl Benz in Mannheim, der Zweitaktgasmaschinen baute, auch Benzinmotoren herge- stellt und sie in ein Dreirad eingebaut, mit dem seine große für die Entwicklung des Kraftwagens so wichtige Lebens- arbeit begann.

Daimler dachte an die denkbar verschiedensten Anwen- dungen seines Schnellläufers. Im selben Jahr, als das erste vierrädrige Daimler-Automobil fuhr, setzte auch ein schnelllaufender Motor das erste Boot in Bewegung. Es war 6 m lang und fasste elf Personen. Der Motor leistete 1 bis

2 PS. Man erreichte eine Stundengeschwindigkeit von 10 km. Als Daimler es in Frankfurt am Main 1886 vorführte, erregte es große Begeisterung. 1889 hat auch Fürst Bismarck sich ein solches Motorboot für Friedrichsruh angeschafft. Besondere Bedeutung erlangte das Motorboot für den Frachtverkehr in den großen Häfen. In Hamburg brauchte man nun bei der Fahrt von den großen Frachtschiffen bis zu den Speichern nicht auf Ebbe und Flut zu warten, man war beim Ent- und Beladen unabhängig von den Gezeiten. 1889 bestellte die kaiserliche Kanalkommission des Nord-Ostsee-Kanals eine große Anzahl von Daimler-Booten. Sie waren 10 m lang, 2 m breit, bei 4 PS erreichten sie 12 km stündliche Geschwindigkeit. 1891 konnte auch das erste Rennboot mit 5 PS bereits eine vielbewunderte Geschwindigkeit von 23 km erzielen. Das Motorboot war zunächst ein wesentlich größerer Erfolg als der Kraftwagen. Die geringen Betriebskosten, die einfache Handhabung und die rasche Fahrbereitschaft haben ihm rasch das Feld erobert. Hier war genügend Kühlwasser vorhanden, auch die Übertragung auf die Schraube und die Steuerung waren einfach.

Daneben wurde an der Entwicklung des Motors rastlos weitergearbeitet. 1889 konstruierte Daimler einen Zweizylindermotor, dessen Zylinder etwa unter 20° – also unter einem sehr kleinen Winkel – schräg gegeneinandergestellt waren. Das war für fast ein Jahrzehnt die kennzeichnende Bauart für den Kraftwagenmotor. Diese Neuerung war Daimler ab 9. Juni 1889 durch das Patent Nr. 50839 geschützt worden, wie er überhaupt in jenen Jahren weitere wichtige Patente erwarb, die wichtigsten davon wurden in 15 Ländern erteilt.

Daimler wollte in erster Linie zur Massenfabrikation seines schnelllaufenden Motors kommen, und er dachte daran, jeden vorhandenen Wagen leicht mit ihm betreiben zu können. Er wollte, wie man heute den Außenbordmotor an jedes Boot anbringen kann, seinen Motor auch am Heck jedes Gefährtes, sei es nun Wagen oder Boot, anbringen. Der Antrieb musste daher möglichst einfach sein, denn es handelte sich ja darum, die große Gemeinde derer, die von der Technik nichts verstand, möglichst schnell als Kunden zu gewinnen. Den Wagenbauern wollte er das Geschäft nicht verderben, er wollte mit ihnen in Freundschaft bleiben, denn sie sollten ja alle möglichst in jeden ihrer Wagen einen Motor von ihm einbauen lassen. Maybach aber war davon überzeugt, dass man den Motor mit den Rädern und dem gesamten Wagengestell zu einer einheitlichen Maschine durchbilden müsse, wobei dann allerdings den bisherigen Wagenbauern nichts mehr zu tun übrig blieb. Daimler drängte auf möglichste Einfachheit. Maybachs Konstruktionen waren im Anfang für das Ziel, das Daimler im Auge hatte, zu verwickelt. Aber die Leistungen, die in immer höherem Maße verlangt wurden, konnten bald die für Pferdebetrieb erbauten Wagen nicht mehr erfüllen. Der Weg vom Wagen mit Motor bis zur Fahrzeugmaschine wurde von den Anforderungen, die in erster Linie die Rennfahrer stellten, immer mehr erzwungen. Dass trotz solcher Meinungsverschiedenheiten Daimler seinen Mitarbeiter Maybach, an dessen Entwicklung zum hervorragenden Ingenieur er selbst stark beteiligt war, hoch einschätzte, geht schon aus der Tatsache hervor, dass er Wert darauf legte, immer wieder mit ihm zusammen zu arbeiten. In Reutlingen traf der 33-jährige Daimler zuerst mit dem 21 Jahre alten Maybach zusammen. Dieser folgte Daimler dann nach Karlsruhe, von dort ging es nach Deutz und schließlich nach Cannstatt. Hier wurde Maybach nicht nur der Mitarbeiter, bewusst suchte ihn Daimler als Teilhaber mit dem von ihm neu gegründeten Unternehmen zu verbinden. Beide waren Schwaben mit harten Köpfen, und sicher waren die drei Jahrzehnte gemeinsamer Lebensarbeit nicht nur von gefühlsmäßig betonter Harmonie erfüllt. Es gab harte Kämpfe über manche technische Frage. Da ging es Daimler manchmal nicht schnell genug mit dem Abschluss einer konstruktiven Entwicklung. Immer wollte Maybach in den stürmischen Tagen des Fortschritts noch das eine oder andere verbessern. Wie sollte man dabei wirtschaftlich günstig fabrizieren, wenn jede Konstruktion anders aussah als die vorhergehende! Doch fanden sich die beiden Männer immer wieder auf der mittleren Linie. Maybach gelang es 1889, einen ganz aus Stahl erbauten Wagen mit Drahtspeichenrädern für zwei Personen, dessen Motor stehend unter der Sitzbank bequem zugänglich war, zu bauen, den er 1889 auch in Paris vorführen konnte. Hier wurden vier Geschwindigkeiten benutzt. Das Kühlwasser für den Motor wurde zur Rückkühlung durch die Rohre geleitet, die das Gestell des Wagens bildeten.

ABB. 12. Daimlers Motor mit V-förmig angeordneten Zylindern, 1889

Daimler suchte planmäßig nach weiteren anderen Verwendungsgebieten. Schon 1887 baute er seinen Motor auf einer kleinen Schienenbahn in Cannstatt ein. So wurden Daimler-Motoren für Straßenbahnen benutzt. Bald danach baute man einen Motor in einen Eisenbahn-Gepäckwagen ein und erprobte diesen ersten Benzintriebwagen auf der Strecke Unterboihingen–Kirchheim. Wie man sich beim ersten Motorboot Mühe gab, es dem Vertrauen des Publikums als elektrisch angetrieben zu empfehlen, so galt auch dieser Wagen beim Bahnpersonal als elektrisch betrieben. Im Dezember 1893 hat dann die Eisenbahn den ersten eigentlichen Triebwagen zwischen Riedlingen und Sigmaringen in Betrieb genommen. Es war ein straßenbahnähnlicher leichter Personenwagen mit einem Motor von 5,5 PS. 1896 bereits wurden Triebwagen von 14, 20 und später 30 PS in den regelmäßigen Dienst eingestellt. Sehr früh hat man auch in Württemberg Omnibusse mit Daimler-Motoren für den Personenverkehr benutzt. Um 1897 hat eine Motorwagengesellschaft zwischen Künzelsau und Mergentheim regelmäßig zwei Personenwagen laufen lassen, die auch die Post beförderten. Die Wagen liefen noch mit Glührohrzündung, und auf den steileren Straßenstrecken war besonders im Winter manches Versagen festzustellen.

Auch die Entwicklung des Automobils ging in Deutschland voran, allerdings sehr langsam. 1889 war die erste Ausstellung von Daimler-Automobilen und -Motorbooten auf der Weltausstellung in Paris zu sehen, und stolz zeigte man als Beispiel für die Entwicklung das erste Auto vom Jahre 1886. 1890 wurde ein viersitziger Wagen mit Riemenübertragung in den Verkehr gebracht. Der große Motorkasten hing, einem riesigen Musterkoffer vergleichbar, hinten im Wagengestell. Der Wagen hatte Vollgummireifen und

Kulissenschaltung und arbeitete mit einem unter Druck stehenden Benzinbehälter.

Die Verbindung mit Frankreich führte für Daimler zu großen Erfolgen. Französische Ingenieure hatten sich mit den Kraftwagen bereits länger beschäftigt und wussten deshalb auch die deutschen Leistungen hoch zu schätzen. Daimler und Maybach versäumten nicht, die Beziehungen, die sie bereits von Deutz aus zu Paris hatten, wieder von Neuem nutzbringend zu verwerten. Der frühere Vertreter der Gasmotorenfabrik Deutz *Sarazin* war gestorben, aber seine tatkräftige Frau führte das Geschäft weiter. Sie erkannte die Bedeutung der Daimlerschen Erfindung und erwarb das Recht, diese Wagen in Frankreich zu bauen. Sie verheiratete sich bald darauf mit *Levassor*, einem guten Ingenieur und begeisterten Freund des Kraftwagens. Er gründete die Firma Panhard & Levassor, und diese so berühmt gewordene Fabrik übernahm 1889 alle französischen Patente Daimlers. Ohne seine Wohnung in Cannstatt aufzugeben, war Daimler mit seiner Familie jahrelang ständig in Paris, und auch Maybach pflegte die Beziehungen zu den französischen Automobilfreunden sorgfältig und freute sich mit Recht, dass gerade auch seine Auffassung von der Entwicklung des Kraftwagens in Frankreich großes Verständnis fand. So sind unter maßgebender Mitwirkung französischer Ingenieure wertvollste Gedanken und ausgeführte Konstruktionen, die patentamtlich geschützt waren, zuerst in Frankreich zu voller Wirkung gekommen.

Der große Antrieb für die Entwicklung des Automobils war in Frankreich der Sport. Der romantische Rennwagen interessierte zunächst viel mehr als der nützliche Gebrauchswagen. Das erste internationale Automobilrennen wurde am 1. Juli 1894 auf der Straße Paris–Rouen–Paris ausgetragen. Die Zeitung »Le Petit Journal« ver-

31

anstaltete es. 102 Fahrzeuge verschiedenster Art waren gemeldet, sie arbeiteten mit Benzin, Dampf und elektrischem Strom. Nur 15 kamen ans Ziel. 20 verschiedene Bauarten stellten sich hier zur Probe vor, ein Daimler-Wagen gewann das Rennen. 126 km wurden in fünf Stunden und 50 Minuten zurückgelegt, es wurde eine Durchschnittsgeschwindigkeit von 20,47 km/h erreicht. Das galt 1894 als unerhörte Leistung. Ein Jahr später – 1895 – fand das große Rennen Paris–Bordeaux–Paris statt. Es waren 1175 km zurückzulegen, und es wurde eine Durchschnittsgeschwindigkeit von 24,5 km/h erreicht. Sämtliche erste Geldpreise – 80 000 Fr. – erhielt Daimler. Man kann sich die Freude und Genugtuung vorstellen. Es handelte sich ja nicht nur um das Geld, jetzt wurde die Leistung weltbekannt, der Erfolg in dem Rennen war ein wirksames Werbemittel. Diese Rennen bedeuteten eine ungemein harte Probe für Motor und Wagen, nicht weniger aber auch für die Sicherheit im Wagenlenken und die Kaltblütigkeit der Fahrer.

Während sich das Volk, besonders in Frankreich, an den Rennen dieser kraftbetriebenen Wagen begeisterte, standen die Fachleute merkwürdig kühl beiseite. 1898 leitete *K. Mathée* einen Vortrag im Kölner Bezirksverein Deutscher Ingenieure über »Automobilwagen« noch mit dem Hinweis ein, dass Straßenfahrzeuge mit motorischem Antrieb bei uns in Deutschland vom großen Publikum und von manchen Fachgenossen lediglich als Spielerei betrachtet werden, mit der sich ernstlich zu beschäftigen nicht lohne. Käme man mit einem Motorwagen in Orte, wo man sie gar nicht oder wenig kenne, und dies träfe in Deutschland noch fast allenthalben zu, so merke man, wie sich die Stimmung der neugierigen Zuschauer aus Verachtung und schadenfroher Erwartung eines etwa eintretenden Unfalls zusammensetze. Das bereits vorhandene Vorurteil könnte umso weniger beseitigt werden, je seltener Gelegenheit sei, sich von etwaigen Fortschritten zu überzeugen. Nach Ansicht des Redners aber seien diese Fortschritte tatsächlich vorhanden, und er glaube, dass man in Zukunft mit den Automobilen rechnen müsse. In England aber finden wir im »Engineering« vom 20. November 1896 noch eine sehr ergötzliche Beschreibung vom Rennen »mechanisch angetriebener Wagen«. Die 54 Motorwagen, die nach Brighton fuhren, und die fast alle mit Benzin betrieben wurden, hätten dem denkenden Ingenieur ein recht melancholisches Schauspiel dargeboten. Vor allem das Anfahren habe den Berichterstatter davon überzeugt, dass das Automobil in verkehrsreichen Straßen noch lange nicht zu gebrauchen sei. Aber trotz dieses Abwartens der Fachkreise ließ sich die Entwicklung nicht mehr aufhalten. Daimler, Maybach und Benz gewannen das Rennen. Am 1. Januar 1908 waren in Deutschland bereits 36 000 Kraftfahrzeuge im Betrieb, davon waren die Hälfte Motorräder. Die große Entwicklung setzt erst mit dem 20. Jahrhundert ein.

Schon lange war Daimler seine erste kleine Versuchswerkstatt zu klein geworden, und er hatte sich daher 1886 auf dem Seelberg, Ludwigstraße 67, in Cannstatt ein Fabrikanwesen gekauft, in dem er bald 25 Arbeiter und 9 Angestellte beschäftigte. Die Fabrikation hatte sich so weit gesteigert, dass man ihm von verschiedenen Seiten Vorschläge zur Gründung einer Gesellschaft machte, die in größerem Maße seine Erfindung auswerten sollte. Daimler trat hierüber mit dem ihm seit langen Jahren bekannten Geh. Kommerzienrat *Max Duttenhofer* in Rottweil in Unterhandlungen. Später kamen der Ingenieur *Wilhelm Lorenz* aus Arnsberg i. Westf., Baurat *Adolf Groß*, der Direk-

tor der Maschinenfabrik Esslingen und der Geh. Kommerzienrat *Dr. Kilian Steiner* dazu. Bei ihnen glaubte Daimler,
großes Interesse für seine Sache zu finden, und so kam ein
Gesellschaftsvertrag zustande, »weil ich eine so ausdeh-
nungsfähige Sache nicht auf meine Person allein stellen
wollte«. Dem ersten Vertrag folgte am 28. November 1890
die Gründung der Aktiengesellschaft »Daimler-Motoren-Gesellschaft in Cannstatt«. Bald aber stellten sich
Schwierigkeiten im Zusammenarbeiten zwischen Daimler
und der Geschäftsführung sowie seinen Kollegen im Aufsichtsrat der Gesellschaft heraus. Sie führten dazu, dass
Daimler und auch Maybach, der als technischer Direktor
vorgesehen war, sich schon nach wenigen Monaten von
dem Unternehmen trennten. Man begann nunmehr in
Cannstatt wieder unabhängig von der Aktiengesellschaft
Versuche zu machen. Daimler finanzierte das Unternehmen, für das er in Cannstatt das frühere Hotel Hermann in
der Badstraße erwarb, während Maybach maßgebend als
Konstrukteur tätig war. Zu den Ergebnissen dieser Arbeit
gehörte vor allem auch ein 1892 erfundenes neues Ver-
fahren zum Mischen des Brennstoffs mit der angesaugten
Luft, das die Grundlage der heute allgemein gebrauchten
Spitzvergaser mit Schwimmerreglung geworden ist (Fran-
zösisches Patent Nr. 232 230 vom 17. August 1893). Die
in dem Daimler-Maybachschen Betrieb entstandenen
Leistungen aber wusste man in der Daimler-Motoren-
Gesellschaft sehr wohl einzuschätzen, und so verständigte
man sich 1895 dahin, dass die beiden Unternehmungen
zusammengelegt wurden. Daimler trat in den Aufsichtsrat
ein, und Maybach übernahm die verantwortliche technische Leitung der Werke. Hier konnte er nun unter eigener
Verantwortung den Zielen zustreben, die er auch bisher in
der gemeinsamen Arbeit mit Daimler unentwegt verfolgt

hatte. Auch Daimler nahm größten Anteil an all den neuen Entwicklungen, die sich anbahnten.

Eine mächtig vorwärts treibende Kraft war in diesen Jahren der österreichisch-ungarische Generalkonsul *Emil Jellinek* in Nizza, ein Kaufmann, der mit großen Fähigkeiten auf seinem Gebiet eine starke Vorliebe für das Automobil mitbrachte. Er hatte sich in Frankreich für die Rennen begeistert, er kannte alle Welt und verstand es vor allem zu verkaufen. Er sah die großen Entwicklungsmöglichkeiten klar vor sich, und danach richtete er sein Handeln, das ihm auch außergewöhnlich großen materiellen Gewinn eintrug. Immer wieder versetzte er Daimler und Maybach in Aufregung durch die Forderungen, die er an die Wagen stellte. Hatte ein Wagen Erfolg gehabt mit 9 PS, dann sollte der nächste schon 12 und der darauffolgende 30 oder 40 PS haben. Es kam zu harten Auseinandersetzungen, aber da Jellinek über große Geldmittel verfügte, war er eben der Auftraggeber, dessen Wünsche man auch dann zu erfüllen hatte, wenn man sie für übertrieben hielt. So entstand um 1900 ein neuer Wagen, der auch in seiner äußeren Form dem heutigen Automobil schon wesentlich näher kam. Er hatte einen langgestreckten, tiefliegenden Rahmen mit vorn liegendem Motor. Dieser war mit Spritzvergaser, zwangläufig gesteuerten Einlassventilen und dem ebenfalls von Maybach entwickelten Wabenkühler ausgestattet. In den letzten Jahren des 19. Jahrhunderts waren magnet-elektrische Zündapparate besonders von *Robert Bosch* in Stuttgart so weit entwickelt worden, dass sie die Glührohrzündung völlig verdrängten. Auch Wechsel- und Ausgleichgetriebe wiesen wesentliche Fortschritte auf. Die Luftreifen, die um 1895 aufkamen, waren seit 1898 bei den Personenkraftwagen von Daimler zur Regel geworden.

Dieser Wagen sollte nunmehr im neuen Jahrhundert alle die großen Rennen bestreiten, von denen Jellinek wusste, dass sie zumindest in Frankreich sicher stattfinden würden. Man sah sich nach einem internationalen Namen für den Wagen um, und man nannte ihn schließlich nach der bildhübschen Tochter Jellineks »Mercedes«. Das Bild von Fräulein *Mercedes Jellinek* hängt in dem schönen historischen Museum der Daimler-Motoren-Gesellschaft neben den Bildern von Daimler und Maybach und den großen erfolgreichen Rennfahrern der Mercedes-Wagen.

ABB. 13. Erster Mercedes-Wagen, 1901

Auch das Heer suchte Daimler frühzeitig als Auftraggeber zu gewinnen. Die ersten Versuche mit Motorfahrzeugen reichen schon bis 1892 zurück. Sie wurden von der Eisenbahn-Brigade unternommen. 1898 wurden bereits Bedingungen für den Bau militärischer Kraftwagen aufgestellt. Ein Jahr später wurde bei der Versuchsabteilung der Verkehrstruppen ein Selbstfahrerkommando errichtet. Anfangs handelte es sich nur um Personenwagen für Offiziere. Dann begann der Lastwagen bald auch im Heer eine Rolle zu spielen. Drei Jahre nach dem Tode seines Vaters hat *Paul Daimler* als technischer Direktor der Daimler-Motoren-Gesellschaft ein Kriegsfahrzeug mit Vierradantrieb konstruiert, das 1904 bis 1905 als erster Panzerwagen mit Schnellfeuergeschütz, 30-PS-Motor und Vierradantrieb gebaut wurde.

Bereits 1897 hat Gottlieb Daimler dem Militär seinen Motor auch für die Luftschifffahrt empfohlen. Mit dem Grafen *Ferdinand v. Zeppelin* (1838 bis 1917) hat er frühzeitig in enger Fühlung gestanden. Auch er selbst hat sich mit dem Flugproblem befasst. Er scheute sich aber, öffentlich darüber zu sprechen, da er meinte, er hätte schon zu viel Aufsehen mit seinem selbstfahrenden Wagen in den Straßen erregt, und er wollte doch nicht, dass die Leute ihn für ganz verrückt erklärten, wenn er nun auch noch an das Fliegen denke. Ein Daimler-Motor ist aber bereits 1888 in ein Versuchsluftschiff des Leipziger Buchhändlers Dr. Wölfert eingebaut werden. Auch hier setzte die große Entwicklung erst nach dem Tode Gottlieb Daimlers ein, und Maybach war berufen, nachdem er am 1. April 1907 aus der Daimler-Motoren-Gesellschaft endgültig ausgeschieden war, im Auftrag des Grafen Zeppelin sich maßgebend mit der Konstruktion von Luftschiffmotoren zu befassen. Als der Graf durch die Volksspende dazu übergehen konnte, in Friedrichshafen selbst die Fabrikation in großem Umfang aufzunehmen, war dann der durch die Schule seines Vaters gegangene Sohn *Karl Maybach* berufen, hier unter eigener Verantwortung die Luftschiffmotoren zu bauen, von denen neben größter Betriebssicherheit immer neue größere Leistungen verlangt wurden. Wie bei Daimler, hat auch hier bei Maybach der Sohn das Werk des Vaters später auch im Automobilbau in großem Maßstabe fortentwickelt.

Gottlieb Daimler aber sollte den großen Erfolg des ersten Mercedes-Wagens 1901 nicht mehr erleben. In den letzten Jahren hatte ihn bereits Krankheit verhindert, noch mit der früheren vollen Tatkraft im Betriebe mitzuarbeiten, obwohl er bis zuletzt immer noch mit größtem Interesse an der Entwicklung teilnahm und manche wertvolle Anregung zu den neuen Gedanken und Plänen beisteuerte. Am 6. März 1900 verschied Gottlieb Daimler im Alter von 66 Jahren. Ihm war es nicht beschieden, in seiner vollen Auswirkung den auch von ihm wohl niemals geahnten großen Erfolg seiner Pionierarbeit zu erleben. Wilhelm Maybach hat dagegen noch 29 Jahre maßgebend an der großen Entwicklung im 20. Jahrhundert mitwirken können. Er ist im Alter von 84 Jahren am 29. Dezember 1929 in Cannstatt gestorben.

Wir sahen, wie Gottlieb Daimler sich vielseitig und mit größtem Fleiß in der mechanischen Technik ausgebildet hat, wie er dann frühzeitig in Deutz dazu berufen war, ein in der Entwicklung begriffenes neues Unternehmen zu leiten. Aus seiner Lebensarbeit ergibt sich seine große Fähigkeit, Entwicklungen vorauszusehen, und sie gestaltend maßgebend zu beeinflussen. Er galt in allen Kreisen, die ihn kannten, als ein glücklicher Erfinder, aber er wusste, wie auch hier die Götter vor den Erfolg unablässige harte Mühe und Arbeit gestellt haben. Als eine Frau ihn einmal besuchte und ihn bat, er möchte doch ihrem Sohn »das Erfinden lehren«, soll er geantwortet haben, dann müsste es der Junge machen wie er selbst, er habe 15 Jahre lang täglich von früh um 5 bis 8 Uhr abends gearbeitet mit einer halben Stunde Mittagspause. Dieser große Fleiß ist kennzeichnend für ihn. Von ausschlaggebender Bedeutung für den Erfolg seiner Arbeit war aber auch seine große Erfahrung in der praktischen Arbeit. Als Büchsenmacher hatte er gelernt und sich in Deutschland, Frankreich und England weiter ausgebildet. Er war in der Werkstatt zuhause, und er wusste besser als jeder andere, wie man konstruktive Gedanken in Eisen und Stahl zur Wirklichkeit werden lassen kann.

ABB. 14. WILHELM MAYBACH
geb. 9. Februar 1846 in Heilbronn
gest. 29. Dezember 1929 in Cannstatt
(Nach einer Fotografie aus den 1880er Jahren)

Über seine Persönlichkeit außerhalb seiner Arbeit wissen wir nur wenig. Er war eine kräftige, untersetzte und gedrungene Erscheinung, im Verkehr mit fremden Menschen nicht sehr gewandt, man kann von ihm nicht sagen, dass er schnell fertig mit dem Wort gewesen sei. Nur im Kreis seiner Mitarbeiter vermochte er seine Gedanken sehr anschaulich auszudrücken. Mit der Natur lebte er in engster Freundschaft. Schon in Deutz pflegte er besonders den Obstbau, und später, als er vermögend geworden war, machte er auch Stiftungen, um den Obstbau Württembergs zu fördern. Das Bild seiner ersten Werkstatt zeigt daneben sein großes Gewächshaus.

Gottlieb Daimler hatte sich am 29. November 1867 mit Emma, einer geborenen Kurz aus Maulbronn, verheiratet. Aus dieser Ehe entsprossen drei Söhne und zwei Töchter, von denen der jüngste Sohn schon früh starb. Der älteste Sohn, Baurat *Paul Daimler*, hat viele Jahre an maßgebender Stelle in den Daimler-Motorenwerken und in anderen großen Unternehmungen gearbeitet. Er ist der Lebensarbeit seines Vaters bis zum heutigen Tage treu geblieben. Sein jüngerer Bruder *Adolf Daimler* (1871 bis 1913) ist ebenfalls in der Daimler-Motoren-Gesellschaft tätig gewesen, aber leider hat seinem Wirken als leitender Betriebsdirektor in Untertürkheim im Alter von 46 Jahren der Tod ein Ziel gesetzt. Nachdem Frau *Emma Daimler* 1889 gestorben war, hat sich Daimler 1891 wieder verheiratet. Der aus dieser Ehe stammende Sohn *Gottlieb Daimler* ist 1917 als aktiver Offizier gefallen, eine Tochter lebt noch. Frau *Lina Daimler* hat ihren Gatten noch um 32 Jahre überlebt.

Den rechten Maßstab für die Bedeutung Daimlers und seiner Leistung gewinnt man erst, wenn man sich in großen Zügen die Weiterentwicklung vor Augen führt. Aus der kleinen Werkstatt ist ein riesiges Unternehmen entstanden, aus dem immer vollkommenere Leistungen der denkbar verschiedensten Art hervorgehen. 1903 entstanden die großen neuen Werke in Untertürkheim bei Stuttgart, die nicht mehr zu vergleichen waren mit den durch einen Fabrikbrand zerstörten bescheidenen Räumen in Cannstatt.

In scharfem Wettbewerb mit Daimler entwickelte sich die Rheinische Automobil- und Motorenfabrik Benz &

Cie. in Mannheim, bis es schließlich hier zu einer geschäftlichen Vereinigung kam. Die Namen zweier scharfen Konkurrenten, die sich nie im Leben persönlich getroffen hatten, vereinigten sich zum Doppelnamen der neuen Firma Daimler-Benz, wie es einst auch in der Elektrotechnik, was die Zeitgenossen des schärfsten Wettbewerbs wohl nie für möglich gehalten hatten, in den Siemens-Schuckertwerken geschah. –

Im neuen Jahrhundert entstanden neue Kraftfahrzeugfabriken. 1909 gab es in Deutschland bereits 34 Automobilfabriken mit 43 Millionen Mark Kapital, die 10 000 Arbeiter beschäftigten. Der Wert der hergestellten Fahrzeuge betrug 51 Millionen Mark. Bis zum Weltkrieg waren sehr beachtliche Leistungen erreicht worden. Die Daimlerwerke hatten von 1901 bis 1914 108 Rennen und Tourenfahrten in der ganzen Welt bestritten. Die Festschrift, die zum 25-jährigen Bestehen der Firma 1915 mitten im Weltkrieg herauskam, gibt die genaue Zusammenstellung aller dieser Rennen, und immer wieder enthält die Spalte, die über die Leistungen Auskunft erteilt, den Vermerk: Sieger, 1. Preis, Weltrekord usw. Das »Rennen der Rennen« wurde am 4. Juli 1914, wenige Wochen vor Ausbruch des Krieges, in Frankreich gefahren. 12 französische Wagen und 29 Wagen anderer Nationen bestritten dieses Rennen. Alle bisherigen Sieger im Grand Prix nahmen daran teil, Mercedes gewann dieses Rennen dreifach, die drei ersten Plätze gehörten Deutschland. Wir wissen, zu welchen großen Leistungen der Kraftwagen in allen seinen Ausführungsformen im Weltkrieg berufen war. Riesige Anforderungen kamen mit riesigen Aufträgen an die großen leistungsfähigen Firmen des Automobilbaus. Nach dem Krieg kamen schwere Zeiten. Amerika hatte durch seine Massenfabrikation außerordentliche Vorteile errungen.

In Deutschland hat der Reichskanzler als Führer wiederholt auf die große Bedeutung des Kraftwagens für das neue Deutschland hingewiesen. Zielbewusst soll auf seinen Wunsch ein großes Netz von Autostraßen neuester Bauart entstehen, die einen neuen Ansporn zur Entwicklung des Kraftfahrwesens geben werden. Wer die Zahl der in Deutschland heute laufenden Wagen mit der von Frankreich, England oder gar Amerika vergleicht sieht, vor welch neuen großen Aufgaben heute der deutsche Automobilbau steht, und so sind wir dankbar, dass wir in Erinnerung an die Lebensarbeit Gottlieb Daimlers aus Anlass seines 100. Geburtstags mit einem hoffnungsvollen Ausblick auf die weitere Entwicklung des Kraftwagens schließen können.

Abb. 15. Gottlieb Daimler
geb. 17. März 1834 in Schorndorf
gest. 6. März 1900 in Cannstatt

Schrifttumverzeichnis

Persönliche Mitteilungen der Herren Baurat Paul Daimler, Oberbaurat Wilhelm Maybach †, Dr.-Ing. E. h. Karl Maybach, Dr.-Ing. E. h. Eugen Kittel und Regierungshaumeister Wilhelm Hofmann.

Carl Benz: Lebensfahrt eines deutschen Erfinders, Erinnerungen eines Achtzigjährigen. Leipzig 1925, Koehler & Amelang.

Festschrift »Zum 25-jährigen Bestehen der Daimler-Motoren-Gesellschaft Untertürkheim 28. November 1915«.

Nachruf »Adolf Daimler«, Das Motorschiff und Motorboot, Bd. 10 (1913) Nr. 8, S. 3.

Eugen Diesel: Wir und das Auto. Denkmal einer Maschine. Leipzig 1933, Bibliographisches Institut.

Ernst Garleb: 25 Jahre Daimler-Werke. Zum 28. November 1915. Allgemeine Automobil-Zeitung Bd. 15 (1915) Nr. 47 S. 5 bis 17.

Hugo Güldner: Das Entwerfen und Berechnen der Verbrennungskraftmaschinen und Kraftgas-Anlagen. Berlin 1914, Julius Springer.

Fr. Haßler und *M. H. Kraemer*: Gottlieb Daimler. Der Schöpfer des schnelllaufenden Benzinmotors und der Erfinder des heutigen Kraftwagens. Zeitschr. d. Vereines Deutscher Ingenieure Bd. 78 (1934) S. 303 bis 308.

V. Heinz und *V. Klement*: Z dějin Automobilu. Prag 1931.

Arnold Heller: Motorwagen und Fahrzeugmaschinen für flüssigen Brennstoff, Bd. 1. Berlin 1925, Julius Springer.

Rudolf Hoffmann: Die Daimler-Benz A.-G. Stuttgart-Untertürkheim. Berlin 1930, Organisation Verlagsgesellschaft.

Erich Kurzel-Runtscheiner: Siegfried Marcus. Erweiterter Sonderabdruck a. d. Zeitschr. d. österr. Ing.- u. Arch.-Vereins. Wien 1928, Technisches Museum für Industrie und Gewerbe.

Erich Kurzel-Runtscheiner: Kraftwagentechnik. Herausgegeben v. Verein z. Förderung des Technischen Museums für Industrie und Gewerbe in Wien. Wien 1930.

C. Marcussen: Die Entwicklung des Kraftwagens. Vortrag, gehalten in der erweiterten Ingenieursitzung des Norddeutschen Vereins zur Überwachung von Dampfkesseln in Altona am 1. November 1924.

K. Mathée: Automobilwagen. Vortrag, gehalten in der 6. Versammlung des Kölner Bezirksvereins Deutscher Ingenieure am 20. Juli 1898.

Conrad Matschoß: Aus der Jugendzeit des Automobils. Zeitschr. d. Vereines Deutscher Ingenieure Bd. 50 (1906) S. 1257.

Conrad Matschoß: Die Entwicklung der Dampfmaschine. 2 Bde. Berlin 1908, Julius Springer.

Conrad Matschoß: Geschichte der Gasmotorenfabrik Deutz. Zur Erinnerung an 50-jährige Arbeit. Berlin 1921, Verlag des Vereines Deutscher Ingenieure.

Conrad Matschoß: Wilhelm Maybach †. Zeitschr. d. Vereines Deutscher Ingenieure Bd. 74 (1930) S. 457.

Conrad Matschoß: Robert Bosch und sein Werk. Im Auftrag des Vereines Deutscher Ingenieure zum siebzigsten Geburtstag von Robert Bosch herausgegeben von Conrad Matschoß. Berlin 1931, VDI-Verlag GmbH.

Rudolf Schöttler: Die Gasmaschine. Ihre Entwicklung, ihre heutige Bauart und ihr Kreisprozess. Berlin 1909, Julius Springer.

H. P. Vowles und *M. W. Vowles*: The Quest for Power. London 1931, Chapman & Hall Ltd.

Engineering, London. Bd, 62 (1896) S. 648 bis 649.

Daimlers Motor-Stahlrad, in Speemann: Das neue Universum. Stuttgart o. J. S. 356 bis 357.

Zur Geschichte des Automobilmotors. Bisher unveröffentlichte Mitteilungen des Oberbaurats Maybach. Allgemeine Automobil-Zeitung Bd. 15 (1915) Nr. 52 S. 26 bis 29.

Wie ein Automobil entsteht. Deutsche Kraftfahrt. Organ des Nationalsozialistischen Kraftfahr-Korps und der Motorstürme der SA und SS. Bd. 1 (1933) Nr. 16 S. 19 bis 33.

***

Das Titelbildnis wurde von der Familie Hoffmann, das Bildnis Wilhelm Maybach von Herrn Dr. Karl Maybach, das Bildnis Gottlieb Daimler auf S. 42 und die Abb. 10, 12 und 13 wurden von der Daimler-Benz AG zur Verfügung gestellt. Die Abb. 1, 5 und 6 stammen aus dem Deutschen Museum in München.